GREAT IDEAS
Sobre Shakespeare

Samuel Johnson
1709-1784

Samuel Johnson

Sobre Shakespeare

TRADUCCIÓN DE JUAN ANTONIO MONTIEL

GREAT IDEAS

taurus

Papel certificado por el Forest Stewardship Council®

Penguin
Random House
Grupo Editorial

Primera edición: junio de 2025

© 2025, Penguin Random House Grupo Editorial, S. A. U.
Travessera de Gràcia, 47-49. 08021 Barcelona
© 2025, Juan Antonio Montiel, por la traducción

Esta obra pertenece a la serie Great Ideas, publicada originalmente
en inglés en Gran Bretaña por Penguin Books Ltd.

© Nora Grosse, por la cubierta

Printed in Spain – Impreso en España

ISBN: 978-84-306-2776-9
Depósito legal: B-6.383-2025

Compuesto en Arca Edinet, S. L.
Impreso en Liberdúplex,
Sant Llorenç d´Hortons (Barcelona)

TA 2 7 7 6 9

Sobre Shakespeare

Que los elogios se reservan inexplicablemente para los muertos y que los honores que deberían corresponder a lo excelente se rinden a lo meramente antiguo son quejas que, por lo visto, estarán siempre en boca de quienes, incapaces de contribuir a la verdad, encomiendan su prestigio a las herejías de la paradoja, o bien, obligados por la decepción a apelar a recursos que los consuelen, quieren creer que la posteridad les depara lo que el presente les niega, y se regodean pensando en que aquello que la pura envidia les escatima se lo concederá, al cabo, el tiempo.

La antigüedad, como cualquier otra cualidad que atrae la atención de los hombres, posee sin duda devotos que la reverencian no a partir de la razón, sino del prejuicio: algunos parecen admirar indiscriminadamente cualquier cosa que se haya preservado durante largos años sin tener en cuenta que el tiempo, muchas veces, tiene por cómplice al azar. Pero quizá todo el mundo esté más dispuesto a honrar la excelencia pretérita que la actual y la mente solo pueda contemplar el genio tras el velo de las épocas, igual que el ojo ha de ver el sol a través de un vidrio ahumado. La crítica pone todo su empeño en descubrir los errores de los modernos y confirmar la excelencia de los antiguos. Mientras un autor está vivo se lo juzga por sus peores obras; cuando ha muerto, por las mejores.

Sea como fuere, tratándose de obras cuya excelencia no es absoluta y definitiva, sino gradual y relativa; obras que no se erigen sobre principios demostrables y científicos, sino que solo pueden apelar a la observación y la experiencia, no hay otro rasero que la duración y la continuidad de su estima: lo que la humanidad ha poseído largo tiempo se ha examinado y comparado muchas veces, y si se continúa teniendo por valioso es porque esas comparaciones reiteradas han confirmado las opiniones a su favor. Así como, tratándose de la naturaleza, nadie puede describir con propiedad un río como hondo o una montaña como alta sin conocer muchos ríos y montañas, ningún producto del ingenio se puede calificar de excelente sin antes compararlo con otros parecidos. La demostración es contundente e inmediata, nada tiene que esperar ni temer del paso de los años. Sin embargo, las obras tentativas y experimentales han de valorarse en relación con los alcances de la humanidad en su conjunto, que se muestran en una larga sucesión de logros. Del primer edificio que se levantó puede determinarse con certeza si era redondo o cuadrangular, aunque para establecer si era de verdad espacioso o alto hay que tener en cuenta la época. La escala pitagórica de los números se reveló perfecta al instante, pero no podemos afirmar que los poemas homéricos trascienden los límites ordinarios de la inteligencia humana si no tomamos en consideración que los muchos siglos y naciones apenas han logrado algo más que trasponer sus escenas, dar otro nombre a sus personajes y parafrasear sus sentimientos.

Así pues, la reverencia por los escritos que han sobrevivido largo tiempo no proviene de la confianza crédula en la sabiduría superior de épocas pasadas, ni de la sombría persuasión de que la humanidad ha degenerado con los años, sino que es consecuencia de un argumento inequívoco e incuestionable: que aquello conocido durante más tiempo ha podido examinarse más, y lo que se ha examinado más se comprende mejor.

El poeta cuyas obras me he propuesto revisar puede, a estas alturas, empezar a asumir la dignidad de los antiguos y reclamar los privilegios de una fama consolidada y de una veneración preceptiva: ha sobrevivido por mucho a su siglo, el plazo que suele fijarse como prueba del mérito literario. Cualquier ventaja que pudieran haber supuesto para él las alusiones personales, las costumbres locales o las opiniones pasajeras se ha desvanecido a estas alturas, y cualquier motivo triste o alegre que los usos y costumbres sociales hayan podido poner a su alcance vuelve oscuras ahora las escenas que en su día iluminó. El favor y la rivalidad han dejado de tener efecto; el recuerdo de sus amistades y enemistades se ha esfumado; sus obras ya no proveen de argumentos a esta o a aquella postura, ni de invectivas a ninguna facción; no pueden halagar la vanidad de nadie ni gratificar su malicia: se las lee sin otra razón que el deseo de obtener placer y, por tanto, solo se las elogia si el deseado placer se obtiene. No obstante, sin que ningún interés ni pasión intervengan ya en su favor, han sobrevivido a las variaciones del gusto y a los cambios en las costumbres, y, transmitidas de una generación a otra, no han dejado de merecer nuevos honores.

Pese a todo, dado que los juicios humanos, aunque suelan ganar certidumbre con los años, no llegan nunca a hacerse infalibles, y la aprobación, aunque resista el paso del tiempo, puede no ser más que moda o prejuicio, conviene preguntarse a qué méritos debe Shakespeare el favor de sus compatriotas.

Nada puede deleitar a más gente, y durante más tiempo, que las representaciones de la naturaleza en general. Las costumbres particulares resultan conocidas para muy pocos, así que muy pocos pueden juzgar con cuánta exactitud se las retrata. Las anómalas combinaciones de la fantasía pueden entretenernos durante un rato porque el ordinario tedio de la vida hace crecer en nosotros un hambre de novedad, pero los placeres de la sorpresa se agotan muy deprisa y la mente solo encuentra reposo en la estabilidad de lo real.

Shakespeare es, por encima de cualquier otro escritor —al menos de cualquier escritor moderno—, el poeta de la naturaleza: un poeta que sostiene ante los ojos de sus lectores un espejo que refleja fielmente los modos de vida y la vida misma. Sus personajes no responden a las costumbres de ningún sitio en particular, ajenas por tanto al resto, ni tampoco a las peculiaridades de oficios o profesiones, que incumben a un número de personas reducido, ni al influjo de modas pasajeras y opiniones fugaces, que son la progenie genuina de la humanidad común, lo que el mundo no cesa de mostrarnos y cualquiera puede atestiguar: actúan y hablan bajo el influjo de aquellas pasiones y principios que, por ser generales, mueven a la gente y hacen funcionar todo el sistema de la vida. En los escritos de otros poetas, un personaje es demasiado a menudo un individuo; en los de Shakespeare es, casi siempre, una especie.

De esa amplitud de miras procede la sabiduría de Shakespeare, de ahí el caudal de axiomas prácticos y de saber cotidiano que transmiten sus obras. Se ha dicho de Eurípides que cada verso suyo contenía un precepto; de Shakespeare podría decirse que sus obras contienen todo un sistema de prudencia pública y privada. Su verdadero poder no se revela en el esplendor de ningún pasaje en particular, sino en el desarrollo de la trama y el tenor de los diálogos. Quien pretenda recomendarlo extrayendo citas de aquí y de allá actuará como aquel pedante al que menciona Hierocles, quien, habiendo puesto en venta su casa, llevaba en la bolsa un ladrillo como muestra.

No es fácil imaginar hasta qué punto Shakespeare consigue reflejar la realidad, salvo cuando se le compara con otros autores. De las antiguas escuelas de declamación se ha dicho que quien con más empeño las frecuentaba peor preparado estaba para el mundo, pues no encontraba en ellas nada con lo que pudiera toparse después en otro sitio. Lo mismo puede afirmarse del teatro..., excepto en el caso de Shakespeare. Bajo las directrices de cualquier otro dramaturgo, el teatro está poblado de personajes improbables que dialogan en un lenguaje que nadie ha oído hablar jamás sobre cuestiones ajenas al comercio cotidiano del mundo. Los diálogos de nuestro autor, en cambio, se vinculan tan íntimamente con la situación que los origina y avanzan con tal fluidez y sencillez que, más que reclamar el mérito de la ficción, parecen haberse extraído con diligencia de conversaciones comunes y situaciones ordinarias.

En las obras de otros, el amor es el agente universal por cuyo poder todo bien y todo mal se esparcen y toda acción se apresura o se retarda. Introducir en la trama a un amante, a una dama y a un rival, enredarlos en obligaciones contradictorias, confundirlos con intereses opuestos y atormentarlos con la violencia de deseos irreconciliables; hacer que se encuentren arrebatadamente y se separen transidos de dolor; llenarles la boca de un placer hiperbólico y de una tristeza intolerable; angustiarlos hasta un punto desconocido para cualquier ser humano y liberarlos luego como ningún ser humano se ha liberado jamás: tal es el negocio del moderno dramaturgo. En aras de lo anterior, toda probabilidad se obvia, la vida se falsea y la lengua se pervierte. El amor, sin embargo, es solo una entre muchas pasiones y, como tal, no ejerce una gran influencia en la vida en su conjunto; así pues, escasamente opera en las obras de un poeta que tomaba sus ideas del mundo real y que solo mostraba lo que había visto, que sabía que cualquier pasión, ordinaria o exorbitante, causa alegrías y calamidades.

Definir y caracterizar personajes tan comunes y corrientes no es tarea fácil; sin embargo, quizá ningún otro poeta haya logrado que sus personajes fueran tan distintos entre sí. No me atrevería a afirmar, como Pope, que a la vista de cualquier parlamento es posible adivinar a qué personaje corresponde, pues muchos no poseen ninguna nota característica; pero, si bien algunos parlamentos podrían adaptarse a cualquier personaje, es difícil encontrar uno solo que pudiera transferirse adecuadamente del personaje que de hecho lo pronuncia a otro. Cuando existe una razón para elegir, la elección es siempre la correcta.

Otros dramaturgos solo consiguen llamar la atención echando mano de personajes hiperbólicos o exagerados, de una bondad o una maldad fabulosas y nunca vistas, igual que los autores de los libros de caballerías cautivaban a sus lectores con gigantes y enanos. Quien espere aprender algo sobre los asuntos humanos en tales obras o en tales libros se verá decepcionado. En Shakespeare no hay héroes: sus obras están pobladas exclusivamente por hombres que hablan y proceden de la misma manera que el lector imagina que lo haría en una situación similar; incluso cuando los acontecimientos son sobrenaturales, el diálogo se mantiene fiel a la vida real. Otros escritores adornan las pasiones más ordinarias y los hechos más comunes hasta tal punto que quien los contempla en el libro no puede reconocerlos en el mundo; Shakespeare aproxima lo remoto y vuelve familiar lo extraordinario: lo que describe tal vez no suceda jamás, pero, si fuera el caso, sus consecuencias serían muy probablemente las que él apunta. Es lícito decir que no solo ha mostrado la naturaleza humana tal como se revela ante las exigencias de la vida real, sino que nos ha enseñado cómo respondería el ser humano ante dilemas frente a los que no se encontrará jamás.

Este es, pues, el mejor elogio que puede hacerse a Shakespeare: que su teatro es un espejo de la vida misma, que aquel que haya confundido su imaginación persiguiendo los fantasmas que otros escritores han puesto delante de sus ojos puede curarse de sus delirantes éxtasis leyendo sentimientos humanos en lenguaje humano; escenas con las que un ermitaño podría conocer los avatares del mundo y un confesor predecir el desarrollo de las pasiones.

Su fidelidad a la naturaleza lo ha expuesto a la reprobación de los críticos, que a menudo juzgan con miras más estrechas. Dennis y Rymer piensan que sus romanos no son suficientemente romanos, y Voltaire censura a sus reyes por no ser suficientemente regios. A Dennis le ofende que Menenio, un senador de Roma, se comporte como un bufón, y quizá Voltaire considere indecente que el usurpador danés aparezca borracho. Shakespeare, sin embargo, siempre procura que la naturaleza predomine sobre lo accidental y, mientras preserve los rasgos esenciales del personaje, no se preocupa de distinciones sobreañadidas y adventicias. Puede que su trama requiera de romanos o de reyes, pero él solo piensa en seres humanos. Sabía perfectamente que en Roma, como en cualquier otra ciudad, había gente de todo tipo, y, necesitado de un bufón, acudió a buscarlo al Senado romano, donde sin duda podía encontrarlo. Quería mostrar a un usurpador y asesino que no solo resultara odioso, sino despreciable, así que sumó la embriaguez a sus otras características sabiendo que, como el resto de los hombres, los reyes sucumben al vino y que este tiene en ellos los mismos efectos que en los demás. Ajeno a las mezquinas cavilaciones de las mentes mezquinas, el poeta obvia las accidentales distinciones de nacionalidad y condición tal como el pintor que está satisfecho con la figura se despreocupa de las cortinas que cuelgan al fondo.

El reproche que se le ha hecho por mezclar escenas trágicas y cómicas, teniendo en cuenta que se extiende a todas sus obras, merece una consideración más atenta. Veamos primero los hechos para después proceder a examinarlos.

Desde un punto de vista crítico, las obras de Shakespeare no son, en rigor, ni tragedias ni comedias, sino composiciones de otro tipo, en tanto muestran la realidad misma de la naturaleza sublunar, la cual participa del bien y del mal, de la felicidad y de la tristeza, mezcladas en una innumerable variedad de maneras y proporciones, y reflejan el transcurso del mundo, donde la desgracia de uno es la ganancia de otro, donde el juerguista se entrega a la bebida al mismo tiempo que el doliente entierra a su amigo; donde algunas veces la alegría vence a la maldad y donde muchas cosas buenas y malas se hacen o deshacen porque sí.

De este caos de propósitos mezclados y fatalidades, los antiguos poetas, de acuerdo con las leyes de la tradición, seleccionaban ya fuera los crímenes de los hombres, ya sus disparates, los momentos cruciales de la vida o los tropiezos que hacen reír, los terrores que acompañan a la angustia o la alegría que trae consigo la prosperidad. Así surgieron los dos tipos de imitación conocidos como *tragedia* y *comedia*, composiciones que persiguen fines distintos por medios contrarios y que, por tanto, se consideraban tan ajenas entre sí que no puedo recordar a ningún autor griego o latino que se atreviera con ambas.

Shakespeare no solo tiene la capacidad de mover tanto a la risa como al llanto, sino de hacerlo en una misma composición. En casi todas sus obras hay personajes serios y disparatados y, conforme progresa la trama, la gravedad y la pena se alternan con la ligereza y la risa.

No hay duda de que se trata de una práctica contraria a las reglas, pero la crítica no puede perder de vista la naturaleza. La finalidad de la escritura es instruir; la de la poesía, instruir mediante el placer. El teatro en el que se mezclan la tragedia y la comedia es capaz de instruir tanto o más que la comedia o la tragedia por sí solas porque incluye y alterna ambas, y así se aproxima más a la vida real, al mostrar cómo las grandes maquinaciones y los proyectos más insignificantes pueden alentarse u obstaculizarse unos a otros, y cómo lo bajo y lo alto se concatenan inevitablemente en el sistema general.

Suele objetarse que esta alternancia de escenas interrumpe la progresión de las pasiones y que, al no dejarse anticipar por una serie de incidentes preparatorios y graduales, el principal acontecimiento de la trama carece, al cabo, del poder de conmover que constituye la perfección de la poesía dramática. Tan engañoso es ese razonamiento que incluso aquellos que por experiencia saben que es falso se ven tentados a aceptarlo como verdadero. La intercalación de escenas de distinto tono rara vez impide que se retraten las vicisitudes de la pasión. De hecho, difícilmente nos conmueve una ficción que no es capaz de lograr que nuestra atención pase con fluidez de una cosa a otra. Cierto es que en ocasiones tenemos que aguantar que una agradable melancolía se vea interrumpida por una imprevista frivolidad, pero también es preciso aceptar que a menudo la melancolía no tiene nada de agradable, que lo que perturba a uno bien puede aliviar a otro, que cada espectador es distinto y que, por encima de todo, en la variedad está el gusto.

En su edición, los actores dividieron las obras de Shakespeare en comedias, dramas históricos y tragedias,[*] pero detrás de tal distinción no parece haber existido un criterio preciso.

Para ellos, toda obra que concluyera de forma feliz para los protagonistas constituía una comedia, sin importar cuán graves o angustiosas fueran las situaciones por las que hubieran tenido que atravesar. Ese criterio prevaleció durante largo tiempo y se escribieron obras que, siendo tragedias, con solo cambiar el final po-

---

[*] Se refiere a John Heminges (1556-1630) y Henry Condell (?-1627), dos actores de la compañía de Shakespeare que prepararon la edición que se conoce como *First Folio* (1623).

drían perfectamente haberse convertido en comedias.

En aquella época, una tragedia no era por fuerza un poema de mayor dignidad y elevación que una comedia: solo requería una conclusión funesta; eso bastaba para satisfacer a la crítica sin importar cuán ligera fuese la trama.

Un drama histórico, por su parte, consistía en una serie de acciones ordenadas cronológicamente, aunque independientes entre sí y sin la menor tendencia a introducir de manera gradual ni a justificar la conclusión. Por desgracia, tal criterio no permite distinguir con claridad los dramas históricos de las tragedias: no hay mayor unidad de acción en la tragedia *Antonio y Cleopatra* que en el drama histórico *Ricardo II*. Un drama histórico, eso sí, podía incluso continuarse en otras obras: al no responder a un esquema, no tenía límites.

Pero, más allá de cualquier clasificación de la poesía dramática, el procedimiento de Shakespeare es el mismo siempre: una alternancia de circunspección y jovialidad que ablanda o excita nuestro ánimo. Y, sin importar si su propósito es alegrarnos, entristecernos u orientar la trama en determinada dirección sin vehemencia ni emoción alguna mediante diálogos llenos de soltura y familiaridad, jamás fracasa: de acuerdo con su voluntad, reímos, nos lamentamos o guardamos silencio expectantes, pero nunca permanecemos indiferentes.

Cuando se comprende el propósito de Shakespeare, la mayor parte de las críticas de Rymer y Voltaire se desvanecen. No es impropio que *Hamlet* comience con dos centinelas, ni que Yago vocifere bajo la ventana de Brabancio, aunque lo haga en términos que una audiencia moderna no aceptaría con facilidad; siendo puramente utilitario, el personaje de Polonio es también imprescindible, y aun los enterradores merecen ser escuchados y aplaudidos.

Shakespeare se decantó por la poesía dramática con un mundo de posibilidades abierto ante sí: las reglas de los antiguos eran poco conocidas entonces y el criterio del público todavía no estaba formado; no existía aún un dramaturgo cuya fama forzara a imitarlo, ni críticos con autoridad suficiente para hacerle reprimir sus extravagancias. Por tanto, daba rienda suelta a las inclinaciones de su temperamento, y estas, como subrayó Rymer, lo conducían a la comedia. En la tragedia, su escritura trasluce trabajo y dedicación, pero los resultados no son siempre afortunados; en las escenas cómicas, sin embargo, parece componer sin esfuerzo lo que ni el esfuerzo más denodado conseguiría mejorar. En la tragedia parece estar siempre en busca de la mínima oportunidad para introducir algo cómico; en la comedia, en cambio, parece sosegarse, si no solazarse, ante una manera de pensar más propia de su naturaleza. En sus escenas trágicas siempre hay algo que se echa en falta, mientras que en las cómicas supera con frecuencia cualquier expectativa. En sus comedias, lo más afortunado son las ideas y el lenguaje; en sus tragedias, los hechos y la acción. Sus tragedias revelan habilidad; sus comedias, instinto.

Un siglo y medio de cambios en las costumbres y en el lenguaje apenas han hecho mella en la vitalidad de sus escenas cómicas. Como sus personajes responden a principios dictados por la más genuina pasión, y no a cuestiones circunstanciales, sus alegrías y enfados resultan comprensibles en todas las épocas y lugares; son naturales y, por tanto, imperecederos. Las peculiaridades de la conducta personal son como un barniz superficial que brilla durante un tiempo y que después se opaca sin que quede el menor rastro de su antiguo lustre. Los actos que nos dicta la pasión, en cambio, tienen los colores de la naturaleza, que impregnan toda la materia y solo pueden perecer con el cuerpo que los exhibe. El azar, que combina aleatoriamente las formas, también disuelve esas mezclas, mientras que la uniforme simplicidad de las cualidades primigenias no admite añadidos ni sufre mermas. Cada crecida barre la arena amontonada por la anterior, pero la roca permanece en su sitio. La corriente del tiempo, que continuamente desgasta las solubles creaciones de otros poetas, transcurre sin dañar el diamante shakespeariano.

Si, tal como creo, existe en cada nación un estilo que jamás se vuelve obsoleto, una manera de construir las frases que concuerda hasta tal punto con los rasgos fundamentales y los principios de la lengua correspondiente como para permanecer estable e inalterada, probablemente debe buscarse en el trato ordinario de las personas que solo pretenden darse a entender, sin buscar ser elegantes. Los exquisitos están siempre a la caza de novedades y los cultos se apartan de las formas establecidas buscando descubrir o implantar otras mejores; quienes desean hacerse notar desprecian las formas ordinarias aun cuando estas son correctas. Pero existe una manera de hablar, a medio camino entre la vulgaridad y el refinamiento, donde reside la propiedad, y de la que nuestro poeta parece haber tomado sus diálogos cómicos. Así, resulta más agradable a nuestros oídos modernos que cualquier otro poeta igualmente remoto, y por esa virtud, entre otras, merece que se le estudie como a uno de los primeros maestros de nuestra lengua.

Estas observaciones no deben considerarse verdaderas sin excepción, pero lo son la mayoría de las veces. De los diálogos de Shakespeare se ha dicho que son fluidos y claros, aunque a veces pueden ser también ásperos y difíciles. Del mismo modo, un campo puede ser enormemente fértil aunque en él haya zonas no aptas para el cultivo. Se ha elogiado la naturalidad de sus personajes, aunque sus emociones resulten en ocasiones forzadas y sus acciones inverosímiles. Del mismo modo, la tierra es esférica en su conjunto, aunque su superficie se vea alterada por protuberancias y cavidades.

Pese a sus obvias virtudes, Shakespeare también comete errores, y lo suficientemente graves como para oscurecer y anular cualquiera de sus méritos. Intentaré mostrarlos en su debida proporción, sin la malicia que brota de la envidia ni la veneración de los supersticiosos. Nada puede discutirse de un modo más inocente que las pretensiones de celebridad de un poeta difunto, pero es preciso rechazar el fervor ciego que coloca la admiración por encima de la verdad.

Al primero de sus defectos cabría achacarle la mayoría de los males, no solo en los libros, sino también en las personas: sacrifica la virtud por mor de la conveniencia y se preocupa tanto más de deleitar que de instruir que parece que escribe sin ningún propósito moral. Desde luego, de sus escritos se puede deducir un sistema de deberes sociales, pues aquel que piensa razonablemente lo hace también moralmente, pero los preceptos y axiomas morales parecen brotar al azar de su pluma; no distribuye con justicia el bien y el mal, y no siempre se preocupa de mostrar en el virtuoso una desaprobación del malvado; conduce a sus personajes indistintamente hacia lo bueno o hacia lo malo, y al final se desentiende de su suerte y los deja a merced del azar. La barbarie de su época no justifica tal defecto, porque es deber de todo escritor mejorar el mundo, y la justicia no depende del tiempo ni del lugar.

Muy a menudo sus tramas son tan endebles que la mínima consideración podría haberlas mejorado, y avanzan con tal despreocupación que a veces parece que él mismo no fuera consciente de sus propósitos. Pierde la oportunidad de instruir o deleitar y se deja llevar por la historia hasta el punto de desdeñar lo realmente conmovedor en pro de lo más fácil.

En muchas de sus obras, es evidente el descuido con que se abordan las secciones finales. Cerca ya de concluir, y con la recompensa a la vista, escatimaba el esfuerzo en aras del beneficio; así, se relajaba justo donde más debería haberse esforzado, por lo que los desenlaces se tornaban inverosímiles o imperfectos.

No hacía distinciones de épocas ni lugares y sin escrúpulo atribuía a un tiempo o nación las costumbres, instituciones y opiniones de otra a expensas no solo de lo probable, sino de lo posible. Pope se ha empeñado, con más entusiasmo que buen juicio, en atribuir estas fallas a los primeros editores, pero ¿por qué debería extrañarnos encontrar a Héctor citando a Aristóteles si vemos los amores de Teseo e Hipólita combinados con la mitología gótica de las hadas?[*]

---

[*] Hace mención a *Troilo y Crésida*, II, II, 166-167, donde Héctor efectivamente se refiere a Aristóteles, y a *Sueño de una noche de verano*, obra en la que Shakespeare reúne a Teseo e Hipólita con Oberón y Titania, reyes de las hadas.

No obstante, Shakespeare no fue el único en transgredir la cronología, pues, en la misma época, Philip Sidney, a quien no le faltaba cultura, confundió, en su *Arcadia*, la época feudal con la pastoril; es decir, un tiempo de inocencia, tranquilidad y seguridad con otro plagado de disturbios, violencia y aventura.

En sus escenas cómicas, rara vez sale airoso cuando pone a sus personajes a intercambiar réplicas ingeniosas y sarcásticas; a menudo, sus bromas resultan groseras, y su humor, licencioso. Sus caballeros y damas muestran unos modales que apenas permiten distinguirlos de los bufones. No es fácil determinar si reproducía el modo de hablar de su época: se supone que el reinado de Isabel fue un tiempo de majestuosidad, formalidad y reserva, pero es probable que, cuando esa severidad se relajaba, las formas fueran muy poco elegantes. No obstante, deben de haber existido modos de entretenerse mejor que otros, y un escritor tendría que haber escogido los mejores.

En las tragedias, es frecuente que un mayor empeño de su parte lleve a un resultado peor. Las eclosiones pasionales que la necesidad le impone son, en su mayoría, intensas y conmovedoras, pero, cuando exigen mayor inventiva y talento, el fruto de sus esfuerzos es ampuloso, inmoral, tedioso y oscuro.

En la narrativa, su dicción es pomposa en exceso y plagada de circunloquios: utiliza muchas palabras para contar de un modo imperfecto acontecimientos que se habrían explicado mejor con más sencillez y economía. La narración en la poesía dramática resulta inevitablemente aburrida, puesto que carece de movimiento y acción y obstruye el progreso de la trama; debería ser siempre rápida y estar animada por frecuentes interrupciones. Para Shakespeare, suponía una carga, pero en vez de aligerarla haciéndola más breve se empeñó en realzarla a fuerza de elevación y esplendor.

Sus declamaciones o discursos son por lo general fríos y flojos porque su auténtico poder era el de la naturalidad; cuando intenta, como otros escritores de tragedias, aprovechar la oportunidad de explayarse y, en vez de hacer lo que toca, alardear de sus conocimientos, solo obtiene de los lectores lástima o animadversión.

A veces se enreda en sentimientos que no consigue expresar correctamente, pero que no quiere dejar de lado; batalla con ellos durante un rato y, si se le resisten, pone lo primero que se le ocurre y los deja en manos de quienes tengan más tiempo para dedicárselo.

No siempre detrás de un lenguaje intrincado hay un pensamiento más sutil, ni los versos más opulentos producen por fuerza imágenes más potentes, pero Shakespeare olvida por momentos la necesaria correspondencia entre las palabras y las cosas, y permite que sentimientos triviales e ideas vulgares vengan a defraudar la expectativa que los epítetos sonoros y las complicadas figuras habían generado.

Sin embargo, los admiradores de este gran poeta tienen aún más motivos de queja cuando, justo después de rozar la excelencia, se empeña en decepcionarlos acudiendo a emociones fáciles como las que suscitan el declive de la grandeza, los peligros de la ingenuidad o las penas de amores. Aquello que mejor hace es lo que más escatima. No se permite ser delicado y patético sin introducir de pronto una idea torpe o un equívoco pueril; apenas se ha puesto en movimiento, se obliga a detenerse, interrumpiendo el terror y la compasión, y diluyéndolos con inesperada frialdad.

Los juegos de palabras son, para Shakespeare, lo que los fuegos fatuos para los viajeros: no puede evitar ir tras ellos a toda costa aunque casi siempre lo desvíen del camino y le hagan precipitarse en la ciénaga. Ejercen sobre su mente algo parecido a un poder maligno y una fascinación irresistible. Sin importar la dignidad o profundidad de una disquisición, ya pretenda instruir o conmover, llamar la atención con meras anécdotas o con intrigas, en cuanto vea la ocasión de hacer un juego de palabras, dejará su tarea inacabada. Los retruécanos son la manzana dorada que siempre lo hará desencaminarse o descender de las alturas;* pobres y estériles como son, le producían tal placer que por ellos estaba presto a sacrificar la razón, la propiedad y la verdad. Los juegos de palabras fueron la fatal Cleopatra que le hizo perder el mundo sin lamentarse de ello.

A algunos les parecerá extraño que, al enumerar los defectos de este escritor, no haya mencionado aún su desdén por las unidades de tiempo y de lugar, su inobservancia de unas reglas instituidas por la autoridad conjunta de poetas y de críticos. Respecto a sus otras desviaciones, me remito al juicio de la crítica sin demandar

---

* Según la mitología griega, la heroína Atalanta, que había decidido permanecer virgen, tuvo que aceptar casarse con Hipómenes porque este la venció en una carrera haciéndola detenerse varias veces para recoger unas manzanas de oro que iba dejando en su camino.

para él más favor que el que se debe a la excelencia humana: que sus errores se midan en contraposición a sus virtudes; pero en lo que toca a esta, con el debido respeto a los eruditos, procuraré defenderlo lo mejor que pueda.

Sus dramas históricos, al no ser ni tragedias ni comedias, no están sujetos a las leyes de unas o de otras; todo lo que requieren para ser dignos de encomio es que los cambios de acción se anticipen lo suficiente como para resultar comprensibles y que los acontecimientos sean variados y conmovedores, y los personajes, coherentes, naturales y bien definidos. No se persigue más unidad que esta, por lo que no tiene sentido buscar ninguna otra.

En sus demás obras ha preservado suficientemente la unidad de acción. No urde intrigas enmarañadas de principio a fin, ni otras demasiado sencillas; no se preocupa de ocultar sus intenciones para después desvelarlas de golpe, porque no es así como ocurre en la vida real, y Shakespeare es el poeta de la naturaleza; no obstante, su plan suele responder a las exigencias de Aristóteles: tiene un comienzo, un nudo y un desenlace; los acontecimientos se concatenan y la conclusión sobreviene como consecuencia lógica del desarrollo de los hechos. Quizá a veces sobren algunos detalles, igual que en otros poetas hay muchos discursos que solo sirven para rellenar tiempo en el escenario, pero, por lo general, el sistema en su conjunto avanza de forma gradual y el final de la obra coincide con el fin de la expectación.

En cuanto a las unidades de tiempo y de lugar, nunca les ha prestado atención, aunque quizá una mirada más atenta a los principios en que estas se basan relativice su importancia y las despoje del respeto del que han sido objeto casi unánimemente desde los tiempos de Corneille al descubrir que han supuesto más problemas para los poetas que satisfacciones para el espectador.

La necesidad de preservar las unidades de tiempo y de lugar surge del imperativo de hacer que la obra resulte verosímil. Los críticos consideran imposible que el espectador se crea que lo que se supone que ocurre en varios meses tenga lugar en tres horas o que acepte que, mientras está sentado en el teatro, los embajadores puedan ir y venir entre reinos lejanos, se recluten ejércitos y se sitien ciudades, que los exiliados deambulen por el mundo y regresen, o que aquel a quien han visto cortejar a su amada esté lamentando poco después la prematura muerte de su hijo. La mente se revuelve ante la falsedad evidente y la ficción pierde su fuerza cuando rehúsa parecerse a la realidad.

De la limitación del tiempo necesariamente surge la contracción del espacio: si el espectador sabe que el primer acto ha tenido lugar en Alejandría, no puede suponer que el siguiente se desarrolle en Roma,* a una distancia a la que ni los dragones de Medea habrían podido transportarlo en tan poco tiempo.** Sabe muy bien que no ha cambiado de lugar y que un lugar no puede cambiar por sí solo, que lo que fue una casa no puede sin más convertirse en un llano, que lo que fue Tebas jamás podrá convertirse en Persépolis.

Tales son los triunfales argumentos con los que los críticos se regocijan de las deficiencias de un poeta que se desvía de las reglas, y generalmente lo hacen sin resistencia ni réplica. Es hora, pues, de hacerles ver, a la luz de la autoridad de Shakespeare, que asumen como un principio incuestionable una postura que, antes siquiera de que alcancen a formularla en alta voz, su entendimiento ya les ha revelado como

---

* Como sucede en *Antonio y Cleopatra*.
** En *Medea*, de Eurípides, la protagonista se aleja volando en un carro tirado por dragones.

errónea: es falso que una representación se confunda con la realidad, que un drama haya sido jamás creíble ni siquiera por un momento.

La objeción que se funda en la imposibilidad de pasar la primera hora en Alejandría y la siguiente en Roma presupone que, cuando la obra empieza, el espectador realmente se imagina que está en Alejandría: cree que su trayecto hasta el teatro ha sido en realidad un viaje a Egipto y asume que vive en la época de Antonio y Cleopatra. Si puede imaginar algo así, bien puede imaginar mucho más. Quien en un momento determinado es capaz de tomar el escenario por el palacio de los Tolomeos, puede asumir media hora después que se trata del promontorio de Accio. La ilusión, si se acepta como tal, no tiene límites determinados: cuando se logra persuadir al espectador de que un actor, viejo conocido suyo, es ahora Alejandro o César, de que una habitación iluminada con velas es la llanura de Farsalia o la orilla del Gránico, este se halla en un estado de elevación más allá del alcance de la razón y la realidad, y desde las alturas de la poesía empírea puede despreciar las circunscripciones de la naturaleza terrestre. No hay razón por la cual una mente que vaga en éxtasis deba reparar en el reloj, ni por la que, en ese delirio febril que puede hacerla tomar el escenario por un prado, una hora no pueda ser un siglo.

La verdad es que los espectadores son perfectamente conscientes, del primero al último acto, de que el escenario es solo un escenario, y los actores, nada más que actores. Van al teatro a escuchar cierto número de versos recitados con los ademanes apropiados y una entonación elegante. Esos versos se vinculan con determinadas acciones y estas deben acontecer en algún sitio, pero los distintos momentos que conforman una trama pueden ocurrir en lugares muy lejanos unos de otros. ¿Por qué iba a ser absurdo aceptar que un espacio pueda representar primero Atenas y después Sicilia sabiendo desde un principio que no se trata ni de Atenas ni de Sicilia, sino del escenario de un teatro moderno?

E, igual que sucede con el espacio, el tiempo se puede dilatar. El tiempo exigido por la trama transcurre en su mayor parte en los entreactos, puesto que la duración de aquellas acciones que efectivamente se representan en el escenario coincide con su duración real. Si en el primer acto asistimos a los preparativos de la guerra contra Mitrídates en Roma, la guerra misma, en el último acto, puede tener lugar en Ponto sin que haya nada absurdo en ello: sabemos, al fin y al cabo, que no hay guerra ni preparativos para esta, que no estamos ni en Roma ni en Ponto, que ni Mitrídates ni Lúculo están ante nosotros. La pieza teatral es una sucesión de dramatizaciones de determinadas situaciones consecutivas, ¿por qué no iba a poder la segunda dramatización representar algo que tiene lugar años después que la primera si ambos hechos se conectan entre sí hasta tal punto que solo cabe suponer que el tiempo ha transcurrido? De todas las modalidades de la existencia, el tiempo es la más accesible a la imaginación: un lapso de varios años es tan fácilmente concebible como el paso de unas cuantas horas. El embeleso hace que el tiempo parezca contraerse; si eso sucede en la realidad, ¿por qué no íbamos a estar dispuestos a aceptar que ocurra lo mismo en las representaciones?

Cabría preguntarse cómo puede conmovernos aquello que vemos en el escenario si no es creíble. Pero lo es, con la credibilidad que corresponde a una obra dramática; es creíble tal como lo es una pintura que retrata fielmente a su modelo, y si conmueve al espectador es porque representa lo que él mismo haría o sufriría en una situación similar. No nos toca el corazón porque pensemos que los males que vemos en el escenario sean reales, sino porque se trata de males a los que nosotros mismos podríamos estar expuestos. Si hay alguna falacia, esta no consiste en que nos creamos que los actores sufren, sino en que, por un momento, ante el escenario, nos sintamos infelices. Más que lamentar una desgracia por creerla real, lamentamos que esta sea posible, igual que una madre solloza al recordar que la muerte podría arrebatarle a su hijo. El deleite de la tragedia procede de nuestra conciencia de ficción: si creyéramos que los asesinatos y las traiciones son reales, no nos complacerían en absoluto.

Las imitaciones producen dolor o placer no porque las tomemos por reales, sino porque nos hacen evocar determinada realidad. Cuando nuestra imaginación se recrea ante un paisaje pintado no es porque supongamos que esos árboles sean susceptibles de dar sombra, ni esas fuentes puedan refrescar a nadie, sino porque pensamos cuánto nos gustaría que dichas fuentes fluyeran a nuestro lado y que esas ramas se mecieran sobre nuestra cabeza. Nos emociona leer la historia de *Enrique V*, pero nadie toma el libro por el campo de Agincourt. Una representación teatral es un libro recitado con otros elementos que potencian o disminuyen su efecto. La comedia doméstica es con frecuencia más eficaz en el escenario que sobre la página; la tragedia lo es siempre menos. El humor de Petrucho puede realzarse mediante muecas, pero ¿qué gesticulaciones podrían añadir dignidad o fuerza al soliloquio de Catón?

Una obra dramática leída nos toca tanto como cuando la vemos representada, lo que hace evidente que no asumimos como reales esos hechos; por tanto, se puede admitir que entre los distintos actos transcurra un tiempo mayor o menor, porque el espectador de un drama no tendrá más en cuenta el espacio o la duración que el lector de una narración, ante el cual pueden transcurrir en una hora la vida entera de un héroe o las vicisitudes de un imperio.

Si Shakespeare conocía las unidades de tiempo y de espacio y desdeñaba utilizarlas, o si las subvertía por una feliz ignorancia, resulta, en mi opinión, imposible de determinar, e intentar averiguarlo es inútil. Podemos, razonablemente, suponer que, habiendo alcanzado la fama, ya no quiso escuchar los consejos y admoniciones de los estudiosos y de los críticos, y que deliberadamente persistió en una práctica que quizá había empezado por azar. Como nada es esencial para la trama, sino la unidad de acción, y como las unidades de tiempo y de lugar se fundan en presuposiciones falsas y, limitando las posibilidades del teatro, disminuyen su variedad, hay poco que lamentar en el hecho de que las haya ignorado o en que haya escogido no observarlas. Incluso diría que, en el caso de que surgiera otro poeta como él, no le reprocharía que su primer acto tuviera lugar en Venecia y el siguiente en Chipre. La transgresión de unas reglas meramente impuestas confirma el enorme genio de Shakespeare, al tiempo que pone en evidencia la insignificancia y escasa solidez de críticas como la de Voltaire:

Non usque adeo permiscuit imis
Longus summa dies, ut non, si voce Metelli
Serventur leges, malint a Cæsare tolli.*

No obstante, cuando hablo tan a la ligera de las reglas dramáticas, no puedo dejar de advertir

---

* «El largo transcurrir de los días no ha confundido las sumidades con los abismos hasta el extremo de que las leyes, si están salvaguardadas por la voz de Metelo, no prefieran ser abolidas por César», Marco Anneo Lucano, *Farsalia*, iii, 136-139 (traducción de Antonio Holgado Redondo, Madrid, Gredos, 1984, p. 148).

cuánta inteligencia y saber podrían blandirse
en mi contra, y temo oponerme a tanta autoridad no porque esta cuestión sea de las que
pueden dirimirse con solo recurrir a un argumento de autoridad, sino porque es de suponer
que estos preceptos se han aceptado por motivos mejores que los que yo he sido capaz de
encontrar. El resultado de mis pesquisas, respecto a las cuales sería ridículo presumir de im-
parcialidad, es que las unidades de tiempo no
son esenciales para que una obra dramática esté correctamente escrita; que, aunque en algunas ocasiones puedan producir deleite, en todo
caso deben sacrificarse en aras de los más nobles encantos de la variedad y la instrucción, y
que una obra que respeta escrupulosamente
las reglas críticas solo puede contemplarse como una elaborada curiosidad, como el producto de un arte superfluo y ostentoso que prefie-
re mostrar lo posible antes que lo necesario.

Aquel que, sin menoscabo de otras cualidades, mantenga intactas las unidades merece el
mismo reconocimiento que el arquitecto que
despliega todas las formas de la arquitectura en
una fortaleza sin comprometer su resistencia;
sin embargo, la principal virtud de una fortaleza es que el enemigo no pueda penetrarla, y las

de una pieza teatral, imitar la naturaleza e instruir acerca de la vida.

Quizá lo que he escrito aquí, producto no del dogmatismo, sino de la reflexión, pueda conducir a una nueva revisión de los principios dramáticos. Casi me asusta mi propia temeridad, y, cuando considero la fama y el prestigio de aquellos que mantienen la posición contraria, me siento inclinado a sumirme en un profundo silencio reverencial, tal como Eneas renunció a la defensa de Troya cuando vio a Neptuno arremetiendo contra las murallas y a Juno encabezando a los sitiadores.

Aquellos a quienes mis argumentos no hayan conseguido persuadir de juzgar con benevolencia a Shakespeare sin duda serán más indulgentes con su ignorancia si tienen en cuenta las circunstancias de su vida.

Los actos de cualquier persona, para ser justamente valorados, deben contrastarse con la época en la que vivió y con las oportunidades que tuvo; y, pese a que las circunstancias del escritor no hacen un libro mejor ni peor a ojos de quien lo lee, ya que las obras humanas se comparan siempre, aunque sea tácitamente, con las dotes de quien las produjo, y ya que nos importa más establecer el alcance de los objetivos de un escritor y estimar sus capacidades genuinas que evaluar una obra concreta, nuestra curiosidad está siempre empeñada en descubrir los instrumentos y en medir las destrezas, para saber cuánto puede atribuirse al auténtico talento y cuánto a una ayuda casual e imprevista. Los palacios de Perú o de México, comparados con los de los monarcas europeos, eran sin duda estancias incómodas y humildes; sin embargo, ¿quién podría evitar mirarlas con asombro si sabe que se construyeron sin utilizar hierro?

En tiempos de Shakespeare, la nación inglesa todavía se esforzaba por salir de la barbarie. Durante el reinado de Enrique VIII, la filología italiana se había trasplantado a Inglaterra y las lenguas clásicas habían sido cultivadas con éxito por Lilly, Linacre y More; por Pole, Cheke y Gardiner; y más tarde por Smith, Clerk, Haddon y Ascham. En las principales escuelas había comenzado a enseñarse griego y aquellos que vinculaban conocimiento y elegancia leían, con gran diligencia, a los poetas italianos y españoles. No obstante, la literatura estaba aún reservada a los eruditos o a los hombres y mujeres de alta alcurnia. El público era grosero e ignorante y saber leer y escribir era una hazaña valorada por su rareza.

Las naciones, como los individuos, también tienen su infancia. Un pueblo que acaba de despertar a la curiosidad literaria, que desconoce aún la auténtica naturaleza de las cosas, no sabe juzgar aquello que se le presenta como su espejo. Lo que se aparta de lo común siempre resulta grato para el vulgo, igual que para la credulidad infantil; y, en un país poco ilustrado, el vulgo lo constituye el pueblo entero. Las lecturas de aquellos plebeyos que aspiraban entonces al conocimiento estaban llenas de aventuras, gigantes, dragones y hechizos. El libro más popular era *La muerte del rey Arturo*.

La mente que se ha agasajado con las lujosas maravillas de la ficción no tiene paladar para la insípida verdad. Una obra que se limitara a reflejar las situaciones cotidianas del mundo habría impresionado muy poco a los admiradores de Palmerín o de Guy de Warwick; quien escribía para un público así se veía en la necesidad de echar mano de hechos extraordinarios y acontecimientos fabulosos, y esa extravagancia, que ofende a la mente madura, resultaba, a ojos de la curiosidad inexperta, la principal virtud de los escritos.

Por lo general, las tramas de nuestro autor proceden de novelas y es razonable pensar que escogiera las más populares, que muchos habían leído y otros tantos comentado, porque, de no haber conocido previamente las historias, su público no habría podido seguirlo por los meandros del drama.

Las historias que ahora solo encontramos en autores remotos resultaban, en su tiempo, accesibles y familiares. La trama de *Como gustéis*, que se cree fue copiada del *Gamelyn* de Chaucer, procede de un pequeño folleto de la época; y el viejo Cibber recordaba la historia de *Hamlet* en la más simple de las prosas inglesas, mientras que los críticos de hoy quieren ir a buscarla en Sajón Gramático.

Tomó sus historias inglesas de crónicas y baladas de este país. La gente conocía a los antiguos escritores a través de traducciones, y estas proveyeron a Shakespeare de nuevos temas: transformó en obras de teatro algunas de las *Vidas* de Plutarco que North había traducido del latín.

Sin importar si son históricas o fabuladas, sus tramas están siempre llenas de acontecimientos porque estos captan la atención del común con más facilidad que los sentimientos o la argumentación; el poder de lo maravilloso es tal, incluso para quienes lo desprecian, que

todos nos sentimos más atraídos por las tragedias de Shakespeare que por las de cualquier
otro autor; de otros autores nos cautiva este o
aquel pasaje, pero él nos mantiene siempre a la
expectativa. Quizá, a excepción de Homero, no
haya habido quien le supere a la hora de conseguir el propósito fundamental de todo escritor:
despertar en el lector una curiosidad incesante e
insaciable y obligarlo así a seguir leyendo hasta
el final.

La espectacularidad y el bullicio que abun-
dan en sus obras provienen del mismo origen.
Conforme la trama avanza, el placer pasa de
los ojos a los oídos y, cuando comienza a declinar, regresa de nuevo a los ojos. Aquellos a
quienes se destinaban las obras de nuestro autor
estaban más versados en pompas y procesiones
que en el lenguaje poético, y muy probablemente requerían que los diálogos se ilustra-
ran con acciones claras y bien diferenciadas.
Shakespeare sabía cómo agradar, y da igual si
su estrategia se ajustaba a la naturaleza o si ha
terminado siendo perjudicial para el público
inglés: a estas alturas, nos sigue pareciendo que,
en el escenario, además de decir algo, es preciso
hacer algo, y que una declamación que no va
acompañada de alguna acción se recibe con

frialdad sin importar cuán musical, elegante, apasionada o sublime pueda resultar.

Voltaire se dice sorprendido de que un público que había presenciado tragedias como *Catón* tolerara las extravagancias de Shakespeare. Podría respondérsele que, mientras que Addison hablaba la lengua de los poetas, Shakespeare hablaba la de los hombres. En *Catón* encontramos un sinnúmero de cualidades que hacen admirable a su autor, pero no aprendemos nada sobre los sentimientos y las acciones humanas. Sin duda, *Catón* es uno de esos frutos excelentes que da la confluencia de la instrucción y el buen juicio; *Otelo*, sin embargo, es el producto vivaz y vigoroso de la conjunción entre la observación y el genio. *Catón* pone ante nuestros ojos un espléndido muestrario de maneras artificiales y afectadas y comunica sentimientos nobles y justos en una dicción clara, elevada y armoniosa; pero las esperanzas y temores que expresa no llegan al corazón. La composición solo nos remite al autor: hablamos de *Catón*, pero pensamos en Addison.

La obra de un autor coherente y cabal es un jardín cuidadosamente diseñado y cultivado con diligencia, matizado por sombras y perfumado de flores; las composiciones de Shakespeare, en cambio, son un bosque donde los anchos robles y los pinos elevados se entremezclan a veces con espinos y malas hierbas, a veces con mirtos y rosas, ofreciendo a la vista un esplendor inigualable, y a la mente, una infinita diversidad. Otros poetas despliegan ante nuestros ojos toda una colección de rarezas exquisitas, minuciosamente acabadas, detalladas y pulidas; Shakespeare nos abre una mina colmada de oro y de diamantes, pero llena también de impurezas que la deslucen y de metales de escaso valor.

Se ha discutido a menudo si Shakespeare debía su excelencia a su talento innato o si la adquirió con ayuda de la educación formal, las prescripciones de la crítica y el ejemplo de los autores antiguos. Hasta ahora ha prevalecido la idea de que carecía de formación, de que no tenía estudios ni conocía las lenguas clásicas. Su amigo Jonson, de quien no hay motivos para suponer que mentía, afirmó que aprendió «poco latín y menos griego», y lo dijo en una época en que el carácter y los méritos de Shakespeare eran ampliamente conocidos, de modo que su declaración debería ser suficiente para zanjar la controversia, al menos en tanto no se le pueda oponer un testimonio de igual peso.

Algunos aseguran haber descubierto evidencias de profundos conocimientos en muchas imitaciones de escritores antiguos, pero todos los ejemplos de los que tengo constancia proceden de libros que para entonces ya habían sido traducidos, o suponen coincidencias perfectamente previsibles en quien considera similares asuntos, o dan cuenta de enseñanzas o axiomas morales que pueden surgir en una conversación cualquiera, pues se han transmitido en forma de proverbios.

He oído comentar que la notable frase «Id vos delante. Sin tardanza os sigo» es una traducción de «*I prae, sequar*». Se me ha dicho que cuando Calibán, luego de un plácido sueño, exclama: «Lloraría por soñar una vez más», el autor está imitando a Anacreonte —que, como la mayoría de los hombres, deseó lo mismo en una ocasión similar.

Ciertamente, existen pasajes que podrían pasar por imitaciones, pero son tan pocos que no representan, al cabo, más que la excepción que confirma la regla: se trata de citas casuales o de frases consagradas por la tradición oral y, dado que Shakespeare utilizaba todo lo que tenía a la mano, no hay duda de que habría empleado otras tantas de haberlas conocido.

El propio Shakespeare no oculta que tomó *La comedia de los errores* de los *Menecmos* de Plauto, que era la única obra de ese autor que a la sazón estaba traducida al inglés. ¿No es posible entonces que, tal como copió dicha obra, hubiera copiado otras muchas, pero que, al no estar traducidas, le eran inaccesibles?

No está claro que conociera otras lenguas modernas distintas del inglés. Que en sus obras haya algunas escenas en lengua francesa demuestra muy poco, pues no le habría resultado difícil conseguir que alguien más se las escribiera; por otro lado, aun sabiendo la lengua hasta cierto punto, casi con toda seguridad no pudo haberlas escrito sin ayuda. En *Romeo y Julieta* se observa que siguió la traducción inglesa allí donde esta se desvía del original italiano, pero tal cosa no prueba en ningún caso que desconociera el original: su tarea no era copiar lo que él mismo conocía, sino lo que conocía su público.

Lo más probable es que hubiera aprendido el suficiente latín como para familiarizarse con la sintaxis, pero no para ser capaz de leer en profundidad a los autores latinos. En cuanto a su conocimiento de las lenguas modernas, no tengo los elementos de juicio necesarios, pero, como en sus obras no se han ubicado pasajes que provengan inequívocamente dc autores franceses o italianos, pese a que estos últimos gozaban entonces de una elevada estima, me inclino, como he dicho, a creer que leía poco más que inglés y que solo escogía para sus tramas historias que encontraba traducidas.

Pope no se equivocaba al señalar que hay mucha sabiduría diseminada por las obras de Shakespeare, pero a menudo se trata de la clase de saber que no proporcionan los libros. Quien busque entender a Shakespeare no puede contentarse con estudiarlo en su escritorio: a veces, el significado se esconde en las faenas del campo; a veces, en las labores del taller.

Existen, sin embargo, bastantes pruebas de que era un lector atento, y en su época ya había libros suficientes en inglés como para que pudiera satisfacer su curiosidad sin tener que aventurarse por las literaturas extranjeras. Muchos de los autores latinos estaban traducidos, y también algunos de los griegos; la Reforma había inundado el reino de conocimientos teológicos; la mayoría de las disquisiciones humanas habían encontrado eco en los autores ingleses, y la poesía no solo se había cultivado con diligencia, sino también con acierto. Se trataba de un acervo de conocimientos suficiente para un espíritu tan capaz de apropiárselo y de incrementarlo.

Pero la mayor parte de sus virtudes se debían tan solo a su genio. Encontró el teatro inglés en un estado de extrema tosquedad; ni en la comedia ni en la tragedia se había ensayado nada que permitiera atisbar el grado de goce que pueden proporcionar. Ni los personajes ni el diálogo se comprendían plenamente: fue él quien los dio a conocer y, no contento con eso, los condujo, en sus mejores escenas, a sus cimas más altas.

Como no se ha logrado fijar la cronología de sus obras, no resulta fácil determinar qué etapas atravesó en su perfeccionamiento. Rowe es de la opinión de que «quizá, al contrario de otros escritores, no debamos atribuir sus peores obras a sus comienzos: sus creaciones tenían tanto que ver con la naturaleza y tan poco con el arte que es posible pensar que, siendo más vigorosas, sus obras mejores sean las de su juventud». Pero el poder de la naturaleza no es más que la capacidad de utilizar con determinado propósito los materiales que nos procuran la diligencia o la oportunidad. La naturaleza no proporciona conocimientos, solo puede ayudar a combinar o aplicar las imágenes recolectadas por el estudio y la experiencia. Shakespeare, aunque favorecido por la naturaleza, no podía ser distinto del resto de los mortales: solo podía comunicar lo que había aprendido previamente y solo podía incrementar sus conocimientos de manera gradual; como todo el mundo, se hizo más sabio a medida que envejeció, representó mejor la vida cuanto más la conoció e instruyó con mayor eficacia cuanto más instruido estuvo él mismo.

Ahora bien, ni la perspicacia ni la lucidez pueden aprenderse en los libros, y ambas son, en gran medida, el origen de toda excelencia. Sin duda Shakespeare observó a la humanidad con enorme agudeza, atención y curiosidad. Otros escritores toman prestados personajes de sus predecesores y simplemente los revisten de modales y actitudes más propias del presente: les cambian un poco la ropa, pero el cuerpo es el mismo. Nuestro autor, por su parte, tenía que aportar la materia, y no solo la forma, porque, a excepción de Chaucer —a quien Shakespeare debe bien poco—, no existían escritores en inglés, y muy probablemente tampoco en otras lenguas modernas, que retrataran la vida con sus colores originales.

La disputa sobre la maldad o la bondad natural del hombre no había comenzado todavía.* La especulación teórica aún no había intentado analizar la mente para rastrear el origen de las pasiones, ni revelar las fuentes últimas del vicio y la virtud, ni sondear las profundidades del corazón humano para identificar los móviles del comportamiento. De entonces a esta parte, la naturaleza humana se ha convertido en el principal objeto de estudio, a veces con notable discernimiento, pero otras con escasa sutileza. En época de Shakespeare, sin embargo, los relatos que contentaban al espíritu en su infancia solo mostraban los rasgos superficiales de las acciones; narraban los acontecimientos, pero omitían sus causas; y se complacían en el asombro, más que en la verdad. La humanidad no podía entonces estudiarse en el escritorio: aquel que se propusiera conocer el mundo se veía en la necesidad de recoger sus propios datos, mezclándose lo mejor que pudiera en los negocios y diversiones de la gente común.

Boyle se felicitaba por su noble cuna, pues esta circunstancia había propiciado su curiosidad

---

* Se refiere a la polémica que desató la publicación del *Leviatán* (1651) de Thomas Hobbes, a la que se sumó, entre otros, Jean-Jacques Rousseau, con su *Ensayo sobre el origen de la desigualdad de los hombres* (1754).

facilitándole el acceso a aquello que le atraía. Shakespeare no contó con esas ventajas: llegó a Londres como un aventurero necesitado de todo y sobrevivió durante algún tiempo gracias a empleos miserables. Muchas obras del genio y del saber se han realizado en condiciones que no parecen favorecer el pensamiento y la investigación; tantas, en realidad, que quien las tiene en cuenta se siente inclinado a deducir que la iniciativa y la perseverancia prevalecen sobre cualquier agente externo, y que ante ellas toda ventaja o inconveniente se desvanece. El genio de Shakespeare no sucumbió al peso de la pobreza, ni se dejó limitar por la inopia de las conversaciones a las que los menesterosos se ven inevitablemente condenados; su espíritu se sacudió el lastre de la mala fortuna «así en crin leonina la gota del rocío».

Pese a que se encontró con tantas dificultades y contó con tan poca ayuda para superarlas, fue capaz de adquirir un conocimiento preciso de muchas formas de vida y de muchas clases de temperamentos, de modificarlos de acuerdo con múltiples variables, de perfilarlos mediante sutiles matices y de mostrarlos tal cual son gracias a las combinaciones adecuadas. En este aspecto de su obra, no tenía a nadie a quien imi-

tar; en cambio, los escritores posteriores no han
dejado de imitarlo a él, y aun así cabría preguntarse si la suma de todos ellos ha legado a Inglaterra
tantos principios teóricos y tantas reglas prác-
ticas de conducta como Shakespeare por sí solo.

Y su atención no se limitaba a las acciones
humanas: era un observador escrupuloso del
mundo inanimado; sus descripciones siempre
contienen detalles que solo se advierten al contemplar las cosas como realmente son. Con
frecuencia hemos visto que los poetas antiguos
de muchas naciones conservan su prestigio,
mientras que las generaciones siguientes, después de una breve celebridad, caen en el olvido. Los primeros, sin importar de quién se
trate, deben de haber tomado sus sentimientos
y descripciones del conocimiento inmediato,
por lo que el parecido es exacto: cualquier mirada
corrobora sus descripciones y cualquier corazón
reconoce sus sentimientos. Su fama mueve a
otros a realizar similares investigaciones, pero
estos copian en parte a sus predecesores, en
parte a la naturaleza, hasta que llega un momento en que los libros antiguos han ganado
tal autoridad que suplantan a la naturaleza, y la
imitación, desviándose un poco de cada vez, se
vuelve caprichosa y fortuita. Shakespeare, ya

fuera su tema la vida o la naturaleza, muestra solo lo que ha visto, y transmite la imagen que percibió sin debilitarla o distorsionarla con el filtro de otra mente. Como resultado, sus representaciones les parecen precisas lo mismo a los ignorantes que a los doctos.

Probablemente no sería fácil encontrar otro autor, con excepción de Homero, que introdujera tantas innovaciones como Shakespeare, que consiguiera progresos parecidos en los estudios que emprendió y que difundiera tantas novedades en su época o país. La forma, los personajes, la lengua y las representaciones del teatro inglés se deben por entero a él. «Parece haber sido —afirma Dennis— la fuente misma de la armonía de la tragedia inglesa, esto es, del verso blanco, a menudo diversificado mediante terminaciones disilábicas y trisilábicas. Esa diversidad aparta su verso de la armonía épica[*] y, al acercarlo al habla común, lo hace más apropiado para captar la atención y más adecuado para la acción y el diálogo. Ese es el verso que usamos cuando escribimos en prosa y el que empleamos en la conversación cotidiana».

---

[*] Es decir, la armonía del pareado heroico, utilizado por primera vez por Chaucer.

No sé si este elogio es del todo justo. Puede que la terminación disilábica —que Dennis vincula con acierto con el drama— no se encuentre en *Gorboduc*, que sin duda es anterior a nuestro autor, pero sí en *La tragedia española*, cuya fecha de composición no conocemos, aunque hay razones para pensar que es al menos tan antigua como las primeras obras de Shakespeare. Lo cierto, no obstante, es que Shakespeare fue el primero en popularizar tanto la tragedia como la comedia: casi nadie recuerda el nombre de alguna pieza de un dramaturgo anterior a Shakespeare, salvo los anticuarios y los coleccionistas de libros, que las buscan justamente porque son escasas; y si lo son es porque no gozaron de mucha estima.

A Shakespeare, al menos tanto como a Spenser, le debemos el honor de haber descubierto a qué grado de armonía y sutileza podía elevarse el idioma inglés. Hay en él parlamentos, incluso escenas enteras, que alcanzan la delicadeza de un Rowe, aunque sin su amaneramiento. A menudo, Shakespeare intenta impresionarnos con la fuerza y el vigor de sus diálogos, pero nunca consigue su propósito de manera más cabal que cuando emplea la delicadeza para sosegarnos.

No obstante, es preciso reconocer al fin que, aunque le debamos casi todo, también hay algo que él nos debe; pues, si bien es cierto que gran parte de la admiración que suscita nace de la percepción y el juicio, otra proviene meramente de la costumbre y la veneración. Fijamos la mirada en sus virtudes y la apartamos de sus defectos, y toleramos en él lo que en otros nos inspira rechazo o desprecio. Lo justifica el respeto que debemos al padre de nuestro teatro, pero no al punto de hacer de la necesidad virtud. He visto, en el libro de cierto crítico moderno,* una colección de anomalías que demuestra cómo Shakespeare corrompió el idioma de todas las maneras posibles, pero que su admirador ha reunido como un monumento en su honor.

En sus obras existen escenas cuya excelencia es indudable y perenne, pero quizá no haya una sola de ellas que, si se atribuyera a un escritor contemporáneo, soportaríamos de principio a fin. De hecho, no estoy convencido de que sus obras respondieran tan solo a su concepto de la perfección, sino a la satisfacción de su público. Es raro que los autores, incluso

---

* Se refiere a John Upton, autor de *Critical Observations on Shakespeare* (1746).

aquellos más ávidos de fama que Shakespeare, se eleven por encima de los estándares de su época: ir un poco más allá de lo que se considera lo mejor es suficiente para ganar los elogios de los contemporáneos, y aquellos que gozan de fama están prestos a dar crédito a quienes los encomian y a ahorrarse así el trabajo de cuestionarse a sí mismos.

No parece que Shakespeare considerara sus obras dignas de perdurar, que pagara algún imaginario tributo a la posteridad o tuviera otra expectativa que hacerse popular entre sus contemporáneos y obtener beneficios de ello. Le bastaba con que su trabajo se hubiera puesto en escena y no esperaba que la lectura de sus obras le reportara honores adicionales. Así, no tuvo escrúpulos a la hora de repetir las mismas bromas en muchos diálogos o la misma intriga en diferentes tramas —cosa que, al menos, deberían perdonarle los que recuerden que, de las cuatro comedias de Congreve, dos concluyen con un matrimonio en el que la novia lleva una máscara y pretende ser otra persona, pero cuyo engaño, al fin y al cabo, puede que no sea tal; una resolución que, además de ser inverosímil, Congreve ni siquiera inventó—.

La posteridad le importaba tan poco que, pese a disfrutar de un retiro tranquilo y desahogado antes de «declinar en el valle de la vida», sin que la fatiga o la enfermedad lo hubieran inhabilitado todavía, no recopiló sus obras, ni buscó rectificar las que ya estaban publicadas, ni asegurarle al resto un destino mejor ofreciéndolas al mundo tal como deberían ser.

De las obras que ostentan el nombre de Shakespeare en las recientes ediciones, la mayoría no se publicaron sino siete años después de su muerte, y las pocas que aparecieron durante su vida probablemente lo hicieron sin su cuidado y, por tanto, quizá también sin su conocimiento.

Las recientes revisiones no dejan duda de la negligencia e ineptitud de sus primeros editores, clandestinos o manifiestos. Sus errores son, en efecto, numerosos y muy graves, y no solo han corrompido muchos pasajes de forma quizá irremisible, sino que han hecho sospechar de otros cuya oscuridad proviene de la fraseología obsoleta o, simplemente, de la falta de habilidad y la afectación de su autor. Alterar es más fácil que aclarar y la temeridad es más común que la diligencia. Aquellos que descubrieron que no tenían otra opción más que especular no tomaron la precaución de fijarse límites. De haber publicado Shakespeare sus propias obras, solo nos quedaría sentarnos tranquilos a aclarar sus entresijos y oscuridades, pero ahora nos vemos obligados a cortar lo que no conseguimos desenmarañar y a prescindir de lo que no podemos entender.

Los errores son más de los que se habrían producido de no concurrir diversas causas: el estilo de Shakespeare era en sí mismo agramatical, confuso y oscuro; sus obras las transcribieron para los actores personas que, cabe imaginar, apenas las entendían; las transmitieron copistas igual de inexpertos, que incluso multiplicaron los errores; quizá muchas veces las mutilaran los propios actores, en aras de acortar los parlamentos; y finalmente se dieron a la imprenta sin corregir las pruebas.

Así han permanecido no porque se las haya menospreciado, como supone Warburton, sino porque las artes de la edición aún no se habían aplicado convenientemente a las lenguas modernas, y nuestros ancestros estaban tan acostumbrados a la negligencia de los impresores ingleses que la soportaban con paciencia. Al cabo, fue Rowe quien emprendió una nueva edición, pues, además de que un poeta pueda editar a otro —Rowe parece haber pensado bien poco en la necesidad de corregir o de aclarar—, deseaba emparentar su obra con la de Shakespeare, y así tenía la ocasión de escribir un prefacio y una biografía.

Rowe ha sido acusado con clamor de no realizar lo que, por otra parte, no se propuso jamás, y es hora de hacerle justicia diciendo que, aunque a menudo se piense que no supo ver más yerros que los de los impresores, hizo varias correcciones —a menos que se deban a otro— que sus sucesores han aprovechado sin reconocerlo; de haber sido ellos mismos quienes descubrieran dichas fallas, sin duda habrían llenado páginas y más páginas censurando la estupidez que las causó, mostrando el absurdo que suponen, exponiendo ostentosamente la nueva versión y congratulándose por haber sabido encontrarlas.

Igual que he conservado los prefacios de otros editores, he decidido conservar la biografía que escribió Rowe, que, pese a que no destaca por su elegancia ni por su carácter, reseña todo aquello que hasta ahora se conoce y merece, por tanto, que aparezca en ediciones subsecuentes.

Durante muchos años, la nación se dio por satisfecha con el trabajo de Rowe, hasta que Pope les abrió los ojos al verdadero estado del texto, mostrándoles que se hallaba en extremo corrupto y dándoles razones para confiar en que podía enmendarse. Pope cotejó las copias antiguas, que nadie se había molestado en examinar, y devolvió su integridad a muchos versos, aunque también rechazó sumariamente lo que no le gustaba y prefirió la amputación a la cura.

Me sorprende que Warburton lo elogiara por distinguir las obras genuinas de las espurias: Pope no confió esa selección a su propio juicio, sino que aceptó las obras que recibió de Hemings y Condell, los primeros editores, y rechazó las que, pese a haberse publicado con el nombre de Shakespeare en vida de este, se habían omitido ya en aquella primitiva edición y no volvieron a atribuírsele hasta la de 1664, que es la que copiaron los impresores posteriores.

Pope parece haber considerado «la aburrida tarea del editor» indigna de su talento, e incapaz de reprimir su desprecio por ella solo la realizó a medias. La tarea del que coteja es sin duda aburrida pese a que, como otras muchas ocupaciones tediosas, resulte enormemente necesaria; pero quien se propone enmendar posibles errores lo hará mal por fuerza si no se sobrepone al desinterés. Al examinar un texto corrupto, el crítico debe tomar en cuenta todos los significados posibles y todas las maneras en que pueden expresarse: así de profundos han de ser su comprensión de las ideas y su manejo del lenguaje. De todas las interpretaciones disponibles, debe ser capaz de seleccionar aquella que mejor case con la situación y con las formas de ver y de hablar de una época determinada, sin perder de vista el modo de pensar y los giros propios de su autor. Tal ha de ser su conocimiento y tal su sensibilidad. La crítica especulativa exige más de lo que la humanidad posee y aun quien la ejercita de un modo digno de elogio requiere a menudo cierta condescendencia. Pero no hablemos más de la aburrida tarea del editor.

La confianza es la consecuencia ordinaria del éxito. Aquellos cuya excelencia en algún campo ha merecido sonoros elogios tienden a creer que pueden atreverse con todo. La edición de Pope estuvo por debajo de las expectativas de sus críticos y, cuando se dijo que había dejado muchas cosas por hacer, él se ofendió hasta tal punto que pasó la última parte de su vida atacándolos.

He conservado todas sus notas para que no se perdiera ni un solo fragmento de un escritor tan extraordinario. Su prefacio, valioso tanto por la elegancia de la composición como por la exactitud de lo que allí se dice, contiene una crítica tan amplia que poco puede añadirse y tan exacta que apenas admite discusión; eso hace que los editores se sientan tentados a suprimirla, pero el interés de los lectores exige que se la incluya.

A la edición de Pope siguió la de Theobald, hombre de criterio estrecho y escasos conocimientos, carente tanto del intrínseco esplendor del genio como de la luz artificial del saber, pero celoso de la precisión más mínima y nada negligente a la hora de buscarla. Cotejó las copias antiguas y rectificó muchos errores. De un hombre tan obsesivamente escrupuloso cabría haber esperado más, pero lo poco que hizo fue, en general, correcto.

No se debe confiar sin más en sus noticias sobre copias y ediciones. Con frecuencia habla, indebidamente, de «copias», cuando solo posee una, y, al comentar las distintas ediciones, le da crédito a los dos primeros infolios y solo a medias al tercero, aunque lo cierto es que el primero es equivalente a los demás y únicamente la negligencia de su impresor lo distingue de los otros. Quien tenga cualquiera de los tres infolios los posee todos, salvo por las diferencias que las reiteradas ediciones suelen producir. En un principio, yo mismo cotejé los tres, pero más tarde utilicé solamente el primero.

De las notas de Theobald conservé, en general, las que él mismo mantuvo en su segunda edición, con excepción de las que ya habían sido refutadas por comentaristas posteriores o de las que eran demasiado minuciosas como para merecer que se las conservara. Aquí y allá respeté la coma que él recuperó, pero sin incluir el panegírico en que se felicita por su logro. A menudo recorté las exuberantes excrecencias de su dicción, suprimí sus triunfales exultaciones de Pope y Rowe, y disimulé su indeseable presunción; pero en otros lugares lo he mostrado tal como le habría gustado verse, para diversión del lector y para que la vacuidad de ciertas notas justifique o excuse la abreviación del resto.

Theobald, poco convincente e ignorante, mezquino y desleal, petulante y pretencioso, ha preservado su reputación —si es el caso— solo por haber sido enemigo de Pope. La gente suele arropar a quienes solicitan su favor frente a los que le exigen reverencia, y es fácil elogiar al que no despierta la menor envidia.

Después, nuestro autor cayó en manos de sir Thomas Hanmer, el editor de Oxford, un hombre, en mi opinión, a quien la naturaleza dotó generosamente para esa tarea. Poseía —y ese es el primer requisito para ser un buen editor— la intuición para descubrir de inmediato las intenciones del poeta, además de la destreza intelectual necesaria para proceder de la manera más simple. Sin duda había leído mucho y estaba familiarizado con las más diversas costumbres, opiniones y tradiciones. A menudo se muestra erudito, pero sin alardear de ello. Rara vez pasa por alto las cosas que no entiende sin intentar primero hallar o pergeñar un significado, aunque también se precipita e inventa lo que un poco más de atención habría bastado para descubrir, y se muestra pronto a reducir a la gramática lo que no puede estar seguro de que el autor pretendiera que fuera gramatical. A Shakespeare le interesaban menos las palabras que las ideas, y su lenguaje, que no estaba pensado para la lectura, sino para la escenificación, colmaba sus expectativas con solo transmitir su mensaje al público.

Se ha censurado con excesiva violencia la atención que Hanmer prestó a la métrica. Lo cierto es que se encontró con tantos pasajes cuya medida había sido alterada por la callada labor de ciertos editores —con la muda aquiescencia del resto— que se creyó autorizado a tomarse licencias impunemente; sin embargo, es justo reconocer que sus correcciones resultan en general oportunas y que se llevaron a cabo procurando traicionar lo menos posible el texto.

Por desgracia, incorporó al texto las correcciones, propias y ajenas, sin dar cuenta de las variaciones entre las distintas copias, por lo que terminó apropiándose de la labor de sus predecesores, lo que le resta autoridad a su edición. De hecho, su confianza en sí mismo y en otros era excesiva: asumió como correcto todo lo hecho por Pope y Theobald, y, como ni siquiera se atrevió a sospechar que alguno de ellos pudiera estar equivocado, es natural que al cabo reclamara para sí lo que él mismo había concedido sin medida.

En cualquier caso, he conservado la totalidad de sus notas —que el lector lamentará que no sean más— porque es evidente que no escribió nada sin investigar cuidadosamente y sin pensárselo mucho.

Del último editor resulta más difícil hablar. Pese al respecto que se debe a la posición y al prestigio, y la veneración que merecen la erudición y el genio, no creo que le ofenda que alguien más se tome las libertades que él mismo se ha permitido con frecuencia, ni que le llame la atención lo que se piense de unas notas que no debe de haber considerado entre sus ocupaciones importantes y que, supongo, una vez disipado el calor de la creación, no considerará ya entre sus efusiones más afortunadas.

El primer y más importante error de su comentario es su aquiescencia con sus primeras impresiones: la precipitación que suele caracterizar a quienes tienen una inteligencia rápida y la arrogancia de quien presume, tras un examen superficial, que puede lograr lo que tan solo el arduo trabajo de profundizar podría garantizarle. Sus notas contienen interpretaciones retorcidas e hipótesis inverosímiles; lo mismo atribuye a una frase una profundidad que no tiene que denuncia como absurdo lo que cualquier lector vería claro. No obstante, otras veces sus enmiendas son apropiadas y oportunas, y su interpretación de pasajes oscuros, docta y sagaz.

De sus notas he rechazado, en general, aquellas que la mayor parte del público ha rehusado desde un principio y otras cuya incongruencia las condena de inmediato y que, supongo yo, el propio autor desearía que cayeran en el olvido. De las demás, a algunas les he concedido mi más absoluta aprobación, incorporando directamente al texto la interpretación que proponen, y a otras las he dejado al criterio del lector como dudosas, aunque sugerentes; por último, he censurado algunas sin reserva, pero sin la acritud de la malicia ni, así lo espero, la gratuidad del insulto.

Al revisar mis volúmenes, me desagrada comprobar cuánto papel se ha desperdiciado en refutaciones. Cualquiera que tenga en cuenta las circunvoluciones del saber y las diversas cuestiones de mayor o menor importancia en las que la razón ha ejercitado sus poderes lamentará lo infructuosa que resulta la investigación y la lentitud con la que avanza la verdad, al constatar que gran parte de la labor de un escritor consiste en la destrucción de aquellos que le precedieron. La primera ocupación de quien construye un nuevo sistema es la demolición de los edificios que se han erigido antes de él. El principal deseo de aquel que comenta a un autor es mostrar hasta qué punto otros comentaristas lo han falseado y oscurecido. Las opiniones que una época determinada considera verdades incontrovertibles se refutan y rechazan en otra solo para volver a la carga más tarde. Así, la mente humana se mantiene en movimiento, pero sin progresar. Así, a veces, la verdad y el error, y a veces dos errores de signo contrario, se intercambian en una invasión recíproca. La marea de conocimientos aparentemente verdaderos que se abate sobre una generación se retira después, dejando a otra desnuda y desolada; los súbitos meteoros de la inteligencia, que parecen iluminar de pronto las regiones más oscuras, se apagan en un instante y obligan a los mortales a avanzar de nuevo a tientas.

Los críticos y comentaristas, que no pueden considerarse sino satélites de sus autores, deben sobrellevar con paciencia los altibajos de la fama y las contradicciones a las que siempre se exponen quienes intentan aportar algo al conocimiento general, incluso los más encumbrados y brillantes. «Amigo, vas a morir, ¿por qué te lamentas así? —le dice el héroe de Homero a su cautivo—. También Patroclo ha muerto, y eso que era mucho mejor que tú».

El doctor Warburton gozaba de suficiente prestigio como para conferir celebridad a quienes se ostentaban como sus antagonistas, y sus notas han levantado tal clamor que resulta casi imposible elucidar los argumentos. Sus principales opositores son el autor de *El canon de la crítica* y el de *Una revisión del texto de Shakespeare*; el primero ridiculiza sus errores con alegre petulancia, muy a tono con la ligereza de la controversia; el segundo lo ataca con sombría malignidad, como si estuviera llevando ante la justicia a un asesino o a un incendiario. Uno pica como un mosquito, chupa un poco de sangre, revolotea alegremente y luego vuelve por más; el otro muerde como una víbora y estaría encantado de provocar hinchazones y gangrena. Cuando pienso en el primero, rodeado de sus aliados, me viene a la mente el miedo de Coriolano, que temía que «... mujeres con asadores y ... muchachos con piedras» le dieran muerte «en mezquina batalla»; el segundo, por su parte, me recuerda el prodigio de *Macbeth*:

> ... *un halcón que remontaba en noble altanería*
> *fue por un búho ratonero preso y muerto.*

Sin embargo, quisiera hacerles justicia. Uno es un hombre de genio; el otro, un estudioso. Ambos han mostrado suficiente agudeza a la hora de descubrir errores y han propuesto interpretaciones plausibles de pasajes oscuros; pero, cuando aspiran a especular y a corregir, se hace evidente hasta qué punto solemos sobrestimar todas nuestras habilidades, y la pequeñez de sus logros debiera haberles enseñado a ser más considerados con los esfuerzos de otros.

Antes de la edición del doctor Warburton se publicaron las *Observaciones críticas sobre Shakespeare*, de Upton, un hombre dotado para las lenguas y familiarizado con los libros, pero que no parece tener mayor genio ni gusto. Muchas de sus explicaciones son curiosas y útiles, pero, al mismo tiempo —pese a que aseguraba estar presto a combatir la licenciosa suficiencia de los editores previos y a ceñirse a las copias antiguas—, se muestra incapaz de reprimir sus ansias de corregir, aunque sus capacidades no secunden luego su ardor. Los fríos empiristas, cuando su pecho se ensancha ante el éxito de un experimento, se transforman en teóricos y quienes se dedican laboriosamente a cotejar, en momentos aciagos, coquetean con la especulación.

El doctor Grey publicó, por su parte, unas *Notas críticas, históricas y explicativas sobre Shakespeare*. Su cuidadosa lectura de los escritores ingleses antiguos le ha permitido hacer algunas observaciones valiosas. De hecho, Grey consigue gran parte de lo que se propuso, pero, al no haber pretendido juzgar ni enmendar, ha empleado más su memoria que su sagacidad. En cualquier caso, sería muy deseable que aquellos que no lo superan en conocimientos intentaran al menos imitar su modestia.

De mis predecesores puedo afirmar honestamente lo que en su momento espero que se diga de mí: que todos han introducido mejoras en Shakespeare y me han provisto de ayuda y de información. Lo que he tomado de ellos he procurado atribuirlo a su legítimo autor; el resto creo haberlo escrito yo mismo. Puede que aquí y allá se me hayan adelantado, pero, si en algún punto he descubierto que estaba aprovechándome de las observaciones de otro comentarista, he estado siempre dispuesto a transferir el honor, poco o mucho, a quien sin duda tiene derecho a reclamarlo. Quien llega después solo puede acogerse a su propio criterio, y no siempre es capaz de distinguir con certeza lo inventado de lo recogido.

He procurado tratar a los que me precedieron con el respeto que no se mostraron unos a otros. No es fácil determinar de dónde proviene la típica acritud del escoliasta. Los asuntos que discute tienen poca importancia, no involucran la propiedad ni la libertad, ni favorecen los intereses de grupo o partido alguno. Las diversas lecturas de un libro y las distintas interpretaciones de un pasaje parecen cuestiones en las que el intelecto podría empeñarse sin apelar a la pasión. Pero, ya sea porque «las cosas pequeñas enorgullecen a los hombres bajos» y la vanidad aprovecha las menores ocasiones, o porque toda diferencia de opinión, incluso si tiene sustento, enfada al orgulloso, a menudo encontramos en los comentarios una vena espontánea de invectiva y de desprecio aún más ávida y mordaz que la que, en política, mostraría el polemista más furibundo contra aquellos a quienes se le ha pagado por denostar.

Quizá la ligereza del asunto conduzca a la vehemencia en los argumentos. Cuando la verdad que se investiga está tan próxima a la inexistencia como para escapar a la atención, hay que darle más peso con exabruptos e imprecaciones; y, para atraer la mirada sobre aquello que en su estado original resulta indiferente, no hay nada mejor que poner en juego el prestigio de alguien. El comentarista, de hecho, siempre tiene la tentación de suplir dignidad con exasperación, de hacer pasar por un tesoro unas cuantas monedas y de pretender darle vida a aquello que ni el mejor arte ni la mayor diligencia conseguirían animar.

Las notas que he tomado de otros autores, al igual que las que he escrito yo mismo, pueden ser ilustrativas, para explicar ciertas dificultades; críticas, para señalar defectos y virtudes; o bien enmendatorias, para corregir determinadas adulteraciones.

Si transcribo alguna explicación sin más, es, en general, porque la considero correcta o bien porque no tengo nada mejor que proponer.

Pesc al empeño de mis predecesores, encontré numerosos pasajes que, en mi opinión, podían suponer un obstáculo para muchos lectores y consideré mi deber allanarles el camino. Para el comentarista resulta imposible, según algunos, no extenderse de más o, según otros, no quedarse corto; solo cuenta con su experiencia para determinar lo que es preciso y, por más que reflexione, terminará por explicar muchos versos que los eruditos considerarán obvios y por obviar otros tantos ante los cuales los ignorantes echarán en falta su ayuda. Esas críticas son tan inevitables como relativas y no queda más que sufrirlas en silencio. Por mi parte, me he esforzado en no ser pródigo en exceso ni tercamente reservado, y solo espero haber hecho accesible el significado de mi autor para aquellos que hasta ahora han tenido miedo de acercársele y haber aportado algo al público difundiendo un placer inocente y sensato.

No se puede esperar que un único escoliasta explique por completo a un autor que no es sistemático y consecuente, sino irregular y errático, lleno de alusiones casuales y leves indicios. Toda reflexión personal, cuando se omiten los nombres, se olvida irremediablemente en pocos años y los usos que la ley no consagra, como la moda en el vestir, las buenas formas al conversar o al estar de visita, la disposición de los muebles de una casa y las normas de la cortesía, que naturalmente encuentran su sitio en la conversación cotidiana, son tan huidizos e insustanciales que no resulta fácil conservarlos ni recuperarlos. Lo que se sabe de ellos, una vez desaparecidos, se obtiene por azar de documentos oscuros y obsoletos que se consultan con otro fin. Son cosas de las que todo el mundo sabe un poco, pero nadie mucho. Sin embargo, cuando un autor ha ganado el favor del público, todos aquellos que pueden iluminarlo de algún modo procuran dar cuenta de sus descubrimientos y el tiempo desvela lo que se ha escapado a la diligencia.

Yo mismo me he visto obligado a dejar que sea el tiempo el que se haga cargo de muchos pasajes que, si no he conseguido entender, quizá se aclaren en el futuro; sin embargo, espero haber arrojado luz sobre otros que los demás eludieron o malinterpretaron; así, a veces he echado mano de breves apuntes o anotaciones al margen, como las que todo editor suele aportar según su criterio, y con mayor frecuencia de comentarios más amplios de lo que el tema parece merecer, porque lo más difícil no es siempre lo más importante y porque, para un editor, nada de lo que oscurezca a su autor carece de relevancia.

No he buscado señalar exhaustivamente las virtudes y los defectos poéticos. Algunas obras tienen más notas críticas, otras menos; no en proporción a su mérito, sino porque he dejado este aspecto a la casualidad y el capricho. En mi experiencia, el lector rara vez agradece que el editor se anticipe a sus juicios: como es natural, disfruta más aquello que él mismo ha descubierto que lo que recibe de otro. Como muchas otras facultades, el criterio se ejercita con la práctica y su progreso se ve entorpecido por la sumisión a decisiones impuestas, igual que la memoria se debilita con el uso del memorándum. No obstante, algún tipo de iniciación resulta indispensable: toda habilidad se inculca, en parte, mediante preceptos y, en parte, se obtiene gracias al hábito, así que he procurado ofrecer al aspirante a crítico todo aquello que le permita descubrir por sí mismo lo demás.

Al final de la mayoría de las obras he añadido algunos breves comentarios que contienen una censura general de sus defectos o un elogio de sus méritos. No sé hasta qué punto coincidirán con las opiniones corrientes, pero, si acaso difieren, no ha sido por afectación ni afán de notoriedad. No me he detenido en ningún aspecto en especial, ni examinado nada minuciosamente, así que es previsible que en las obras que condeno haya mucho que elogiar, y en las que elogio, mucho que condenar.

El aspecto de la crítica al que los sucesivos editores se han dedicado con mayor diligencia, el que ha dado pie a más muestras de arrogancia y atizado más la inquina, es la enmienda de pasajes corruptos. En un principio, fue la violencia de la polémica entre Pope y Theobald lo que atrajo la atención del público sobre este particular, pero aquello era solo el punto de partida de una especie de conspiración contra todos los editores de Shakespeare.

Pese a todo, no hay duda de que muchos pasajes han quedado sin corregir en las distintas ediciones y solo cabe intentar restaurarlos acudiendo al cotejo de copias o a la sagacidad de la conjetura. El trabajo de cotejar es simple y seguro, el de especular, peligroso y difícil. No obstante, dado que de gran parte de las obras existe una única copia, no es posible eludir el riesgo por rehuir la dificultad.

De las interpretaciones que esos intentos de corrección han producido hasta ahora, he incorporado directamente al texto unas cuantas de cada editor, porque me parecieron bien argumentadas, mientras que he rechazado otras, que consideré evidentemente erróneas, sin dar mayor cuenta de ello; algunas más las he colocado en las notas sin censurarlas ni aprobarlas, en un frágil equilibrio entre la objeción y la defensa. Por último, he incluido, con la debida advertencia, unas cuantas que me parecieron sugerentes aunque incorrectas.

Una vez clasificadas las observaciones de los demás, solo quedaba hacer lo posible por corregir sus errores y paliar sus omisiones. Para tal fin, cotejé tantas copias como pude procurarme, y habría deseado contar con más, pero los coleccionistas de esas rarezas no se mostraron muy dispuestos a colaborar. He listado todas las copias que la casualidad o la amabilidad pusieron en mis manos, y creo que no se me puede culpar por no haber hecho lo que no estaba en mi poder hacer.

Al examinar las antiguas copias, muy pronto me di cuenta de que los editores más recientes, pese a alardear de cuidadosos, dejaron pasar muchos fragmentos cuya autoría es incierta y se conformaron con la versión de Rowe incluso allí donde sabían que era puramente arbitraria y que la mínima consideración podía revelarla como falsa. Algunas de esas alteraciones consistían en la simple sustitución de una palabra cualquiera por otra que a Rowe debió de parecerle más elegante o más inteligible. Estas las he rectificado sin preocuparme de advertir al lector, porque la historia de nuestra lengua y la auténtica fuerza de nuestras palabras solo pueden preservarse manteniendo el texto de los distintos autores libre de toda adulteración. Otras, aún más frecuentes, suavizaban la cadencia o regularizaban el metro; con estas no he sido tan riguroso. Si solo se había transpuesto una palabra o añadido u omitido una partícula, muchas veces me he privado de hacer nada, porque la inconsistencia de las copias es tal que bien pueden consentirse algunas libertades. Sin embargo, no me he permitido insistir en esta práctica y he restaurado la formulación primitiva allí donde era preferible por cualquier razón.

He incorporado al texto las enmiendas que proceden del cotejo de las copias, sin advertir de ello cuando eran de poca importancia, pero dando cuenta de las razones del cambio allí donde convenía.

Pese a que especular ha resultado inevitable en ocasiones, no me he permitido hacerlo de forma caprichosa ni gratuita. He decidido dar por buena la versión de los libros antiguos y, por tanto, he evitado modificarla en aras de la elegancia o la claridad, o en beneficio del sentido, porque, aunque ni la fidelidad ni el juicio de los primeros impresores merecen mucho crédito, es probable que quienes tuvieron a la vista el texto primitivo lo leyeran mejor que quienes solamente podemos imaginarlo. Sin embargo, es evidente que, ya fuera por ignorancia o negligencia, cometieron errores inexplicables, lo que abre espacio a la tentativa de una crítica que se mantenga a medio camino entre la audacia y la timidez.

Tal es la crítica que he intentado practicar y, ante cualquier pasaje inextricable y confuso, he procurado descubrir la mejor manera de restaurar el sentido con la menor violencia posible. Mi tarea fundamental, sin embargo, ha sido examinar el texto antiguo de principio a fin e intentar encontrar intersticios por donde se filtrara la luz. Ni el propio Huet podría achacarme que he rehuido el trabajo de investigación por satisfacer mi afán de modificar. En esta modesta empresa no he fracasado. He rescatado muchos versos de las garras de la temeridad y protegido muchas escenas de los embates de la corrección. He adoptado el criterio romano según el cual es más honroso salvar a un ciudadano que matar a un enemigo y me he cuidado más de proteger que de lanzarme al ataque.

He mantenido la tradicional división de las obras en actos, aunque creo que en la mayoría de los casos no posee autoridad alguna. Algunas obras que aparecen divididas en el primer infolio no lo están en ediciones posteriores, y viceversa. Según el criterio establecido, una obra teatral exige cuatro intervalos, pero pocas de las de nuestro autor, si no ninguna, pueden distribuirse apropiadamente de esa manera. Un acto es, sencillamente, la parte del drama que se desarrolla sin cambios de tiempo o de lugar y cuyo inicio se marca con una pausa. La restricción a cinco actos es puramente accidental y arbitraria: en toda acción real y, por tanto, también en toda acción imitada, los intervalos pueden ser más o menos. Shakespeare lo sabía y lo puso en práctica: sus obras se escribieron, y se imprimieron originalmente, sin interrupciones, por lo que deben escenificarse con pausas breves, intercaladas tan a menudo como el escenario cambie o cuando se requiera que transcurra un tiempo considerable. Este método, por sí solo, eliminaría miles de absurdos.

Al restaurar las obras de nuestro autor a su integridad, me he encargado por completo de la puntuación porque no me pareció que tuviera sentido respetar las comas o los dos puntos que corrompían palabras o frases. Lo que podía hacerse con una simple modificación de la puntuación lo he hecho sin dar cuenta de ello al lector, con más diligencia en algunas obras que en otras, pues mantener la mirada fija sobre un átomo evanescente resulta tan complicado como intentar que el pensamiento discursivo se agarre a una verdad evanescente.

Me he tomado idéntica libertad con unas pocas partículas u otras palabras de escasa importancia. Algunas veces las he insertado u omitido sin advertir de ello al lector, así que he hecho en ocasiones lo que los otros editores hicieron siempre, y solo allí donde el estado del texto lo justificaba.

La gran mayoría de los lectores, en vez de culparnos por estas nimiedades, se asombrará de que se les haya dedicado tanto tiempo y se hayan debatido tanto y con tanta solemnidad. A ellos les diría confiadamente que están juzgando un arte que no comprenden. No obstante, ni puedo reprocharles su ignorancia ni prometerles que, por aprender de crítica, se vayan a volver, en general, más útiles, más felices o más sabios.

A fuerza de especular, he aprendido a confiar cada vez menos en esa práctica y, tras publicar unas cuantas piezas, resolví no incorporar directamente al texto ninguna de mis interpretaciones. Ahora me felicito por esta precaución, porque cada día tengo más dudas sobre mis enmiendas.

He confinado los desplantes de mi imaginación en los márgenes de la página, de modo que no puedan reprochárseme los caprichos que me he permitido dentro de esos límites. La especulación confesa no es peligrosa y, mientras el texto se mantenga intacto, esos cambios, que ni siquiera quien los propone considera seguros ni necesarios, pueden someterse sin riesgo al criterio del lector.

Si mis interpretaciones tienen escaso valor, al menos no las he expuesto con ostentación ni he querido imponerlas con impertinencia. Podría haber escrito notas más extensas, pues el arte de anotar no es particularmente difícil: consiste, en primer lugar, en despotricar contra la estupidez, la negligencia, la ignorancia y el mal gusto de los editores anteriores, y en mostrar, de todo cuanto se hizo antes o después, su poca elegancia y su escasa luz; enseguida hay que proponer algo que resulte sugestivo a ojos de los lectores más superficiales para rechazarlo luego con indignación y, por último, exponer la interpretación verdadera mediante una larga paráfrasis, para concluir rodeando de aclamaciones el descubrimiento y deseando, con discreción, que la crítica genuina avance y prospere.

Todo esto puede hacerse, y probablemente se haya hecho algunas veces, sin impropiedad. Sin embargo, siempre he sospechado que una interpretación es correcta cuando, para probar lo contrario, se necesitarían muchas palabras; y que una enmienda es errónea cuando se precisa una larga explicación para demostrar que es adecuada. La idoneidad de una corrección salta de inmediato a la vista y resulta apropiado aplicar a la crítica el precepto moral *quod dubitas, ne feceris.**

Es natural que el marinero tema la costa donde ve restos de naufragios. Por mi parte, tenía ante los ojos tantas aventuras críticas que terminaron en fracaso que me vi obligado a ser cauto. En cada página me topé con la lucha del

---

* «En la duda, abstente», Plinio, *Epístolas*, I, xviii.

ingenio para triunfar sobre sus propios sofismas y con el saber confundido por la diversidad de los puntos de vista. Me vi forzado a censurar a quienes admiraba, sin dejar de pensar, mientras iba descartando sus enmiendas, en que las mías podían correr muy pronto la misma suerte y en cuántas de aquellas interpretaciones que yo hallaba incorrectas parecerían, a ojos de otro editor, perfectamente defendibles y justificadas.

Críticos vi que borraban un nombre
con esfuerzo, para poner el suyo;
y al nombre nuevo conceder su puesto
*luego, dejando el otro detrás.**

Que un crítico que especula se equivoque a menudo no debería sorprender a nadie, ni siquiera a él mismo, si se considera que su arte no tiene sistema ni verdad fundamental o axiomática que regule las posiciones subordinadas. Sus posibilidades de errar se renuevan a cada paso: una perspectiva sesgada sobre un pasaje, una pequeña equivocación en la lectura de una palabra, un descuido casual que le impida ver el

---

* Pope, *Temple of Fame* ('El templo de la fama'), II, 37-40.

vínculo entre dos partes bastan para hacer no solo que yerre, sino que se ponga en ridículo; y, en el mejor de los casos, no aporta más que una interpretación entre muchas posibles y quienquiera que proponga otra puede ponerlo en cuestión.

Triste situación aquella en la que el peligro se esconde tras el placer. La tentación de la enmienda parece irresistible. La especulación posee todo el goce y el orgullo de la invención y aquel que ha atisbado una corrección afortunada está demasiado complacido como para considerar las objeciones que pudieran plantearse en su contra.

Pese a todo, la crítica especulativa ha resultado enormemente útil para el mundo académico y no es mi intención despreciar una práctica de tantas mentes preclaras desde el Renacimiento hasta nuestros días, desde el obispo de Aleria hasta el inglés Bentley. Quienes se dedican al estudio de los autores antiguos poseen, en el ejercicio de su sagacidad, recursos de los que el editor de Shakespeare está condenado a carecer. Se ocupan de lenguas gramaticalmente asentadas cuya sintaxis contribuye a la perspicuidad hasta tal punto que Homero tiene menos pasajes ininteligibles que Chaucer. Las palabras no solo poseen un régimen conocido, sino cantidades invariables que dirigen y limitan la elección. Por lo general, existe más de un manuscrito y no es frecuente que coincidan en los mismos errores. Y, aun así, Escalígero confesó a Salmasius la escasa satisfacción que le daban sus enmiendas: «*Illudunt nobis conjecturae nostrae, quarum nos pudet, posteaquam in meliores codices incidimus*», y Lipsio se quejó de que los críticos cometían errores al tratar de corregirlos: «*Ut olim vitiis, ita nunc remediis laboratur*». Y, de hecho, cuando se trata de meras conjeturas, las correcciones de Escalígero y Lipsio, pese a su maravillosa sagacidad y erudición, resultan a menudo tan vagas y discutibles como las mías o las de Theobald.

Pero quizá no se me censure más por equivocarme que por hacer demasiado poco; por generar expectativas que al cabo no consiga satisfacer. La expectación de la ignorancia es infinita y la del conocimiento es a menudo tiránica. Es difícil satisfacer a aquellos que no saben qué demandar o a quienes piden lo que consideran imposible. De hecho, a nadie he decepcionado más que a mí mismo, pese a que he intentado realizar mi labor con la máxima diligencia posible. No ha habido pasaje que reconociera como corrupto que no haya intentado enmendar, ni fragmento oscuro que no haya buscado iluminar. En muchos casos he fallado, como los demás; y en otros tantos, a pesar de mis esfuerzos, he tenido que retirarme y reconocer mi derrota. No he pasado por alto con fingida superioridad lo que es tan difícil para el lector como para mí, pero, cuando no he conseguido instruirlo, he reconocido mi ignorancia. Podría haber hecho gala de falsa erudición frente a multitud de pasajes sencillos, pero preferí no actuar donde no era necesario, ni agregar nada donde otros ya habían dicho suficiente, pero esto no debe achacarse a la dejadez.

Muchas veces las notas son necesarias, pero también son males necesarios. Dejemos que quien aún no está familiarizado con el talento de Shakespeare y desea sentir todo el placer que el teatro puede proporcionar lea las obras, de la primera a la última escena, sin padecer la negligencia de los comentaristas, y, cuando su imaginación haya levantado el vuelo, no la obstaculicemos con enmiendas o explicaciones. Si su atención ha sido poderosamente atraída, dejemos que ignore lo mismo a Theobald que a Pope, que siga leyendo entre el brillo y la oscuridad, entre la integridad y la adulteración, que conserve su propia comprensión de los diálogos y la trama: ya aspirará a la precisión y leerá a los comentaristas cuando el placer de la novedad se haya agotado.

Las notas aclaran ciertos pasajes, pero, en general, debilitan la obra. La mente se enfría con cada interrupción; el pensamiento se desvía del tema principal; el lector se aburre sin sospechar por qué y, al final, abandona el libro que ha estado estudiando con tanto cuidado.

No deben examinarse las partes antes de evaluar el todo: cierta distancia intelectual es necesaria para la comprensión global de las grandes obras y para el reconocimiento de su importancia; un enfoque minucioso revela la belleza del detalle, pero pierde de vista la del conjunto.

No es grato descubrir lo poco que los sucesivos editores han contribuido al placer que el propio texto produce. A Shakespeare se lo leía, admiraba, estudiaba e imitaba sin importar cuánto lo habían deformado la negligencia y la ignorancia de algunos, antes de que se intentara corregir y entender sus alusiones; pese a todo, Dryden escribió que Shakespeare fue, de todos los poetas modernos, y quizá también de los antiguos, quien tuvo un alma más abarcadora y universal. Todas las imágenes de la naturaleza estaban presentes para él, y las extraía con más fortuna que esfuerzo; cuando describe algo, no solamente lo sentimos, sino que lo vemos. Los que lo acusan de haber carecido de estudios le hacen el mayor elogio: era sabio de nacimiento; no necesitaba de los anteojos de los libros para leer la naturaleza: tan solo precisaba mirar en su interior. No puedo decir que alcanzara siempre la misma altura; de haber sido así, sería un insulto compararlo incluso con los más grandes hombres. Muchas veces resulta plano e insípido; su vena cómica degenera en meros juegos de palabras y su seriedad en rimbombancia. Pero siempre destaca cuando se le presenta una gran ocasión: nadie puede decir que, teniendo entre manos un tema a la altura de su ingenio, no se elevara por encima del resto de los poetas, *quantum lenta solent inter viburna cupressi.**

Es lamentable que un escritor tal precise de comentarios, que su lenguaje se torne obsoleto o sus sentimientos oscuros. Pero resulta inútil llevar los deseos más allá de los límites de la condición humana: a Shakespeare le sucedió lo que nos ha de pasar a todos por culpa del tiempo y las circunstancias, pero ha sufrido más que nin-

---

* «Cuanto acostumbran entre las flexibles mimbreras los cipreses», Virgilio, *Églogas*, I, 25, en Publio Virgilio Marón, *Bucólicas; Geórgicas; Apéndice Virgiliano* (traducción de Arturo Soler Ruiz, Madrid, Gredos, 1990).

gún otro escritor desde la invención de la imprenta, quizá por su desprecio de la fama, quizá por esa superioridad de espíritu que lo llevaba a desdeñar sus obras cuando las comparaba con sus capacidades y a considerar indigno de preservarse aquello que los críticos de épocas posteriores se disputarían el honor de restaurar y explicar.

Entre esos candidatos a una fama menor, me someto ahora al juicio del público, al que desearía poder mostrar mi comentario con una confianza comparable al aliento que inmerecidamente he recibido. Las obras de este tipo son por naturaleza deficientes, pero, si fueran solo eruditos y expertos quienes fuesen a dictar su veredicto, este me preocuparía mucho menos.

Impreso en Sant Llorenç d'Hortons, Barcelona,

en el mes de junio de 2025